JANE PACKER
AT HOME WITH FLOWERS

제인 패커의
플라워 인테리어

design eum

Jane Packer

제인 패커는 영국 출신의 세계적인 플로리스트이며, 감성적이고 창의적인 그녀의 스타일은 영국 왕실은 물론 영화계 패션계에서 주목을 받고 있다. 또한 Mark's & Spencer Garden 플라워쇼 골드메달을 수상을 비롯해 7차례에 걸쳐 수상했다. 활발한 크리에이티브가 전무한 플라워 디자인 분야에서 개성 있는 디자인과 파격적인 오브제를 사용함으로써 '브리티시 모던 디자인'을 상징하게 되었다. 1982년에 '제인 패커 플라워'를 개업했고, 1990년에 처음으로 런던에 '제인 패커 플라워 스쿨'을 설립했다. 2004년에는 웹사이트 janepacker.com을 열어 독특한 플라워 디자인을 전 세계에 전하기 시작했다. 베스트셀러로 자리 잡은 『제인 패커의 플라워 인테리어』를 비롯해 10권의 책을 출간했고, 각종 TV 프로그램 출연 및 강연활동을 통해 그녀의 플라워 철학을 세계적으로 전하고자 노력했다. 2011년 11월 9일, 2년간의 투병생활을 끝으로 생을 마감했다. 현재 런던, 뉴욕, 서울, 도쿄, 쿠웨이트 시티 등에서 제인 패커 숍과 스쿨이 운영되고 있다.

Catherine Gratwicke

캐서린 그래트윅은 「Homes & Gardens」, 「Stella's Magazine(the Sunday Telegraph)」, 「Conde Nast's Brides」 등의 잡지와 '멀버리 홈'과 '지피 앤 제이 베이커' 같은 패브릭 회사에서 사진작가로 활동하고 있다.

이정민

고려대학교 국어국문학과를 졸업하고 출판사에서 편집자로 일했다.
글밥아카데미를 수료한 후 현재 바른번역에서 전문번역가로 활동하고 있다.

At Home With Flowers
Copyright ⓒ 2011 by Jane Packer
First published in the United Kingdom under the title At Home With Flowers
by Ryland Peters & Small Limited
20-21 Jockey's Fields London WC1R 4BW.
All rights reserved

Korean Translation Copyright ⓒ 2013 by DESIGNEUM
Korean Translation published by arrangement with Ryland Peters & Small Limited
through Imprima Korea Agency

이 책의 한국어판 저작권은 Imprima Korea Agency를 통해
Ryland Peters & Small Limited와의 독점 계약으로 디자인이음에 있습니다.
저작권법에 의해 한국 내에서 보호를 받는 저작권물이므로
무단전재와 무단복제를 금합니다.

1판 1쇄 발행 2013년 5월 6일
2쇄 발행 2015년 5월 11일

지은이	제인 패커
사 진	캐서린 그래트윅
옮긴이	이정민
발행인	이상영
편집인	서상민
디자인	이현주
펴낸곳	디자인이음
등록일	2009년 2월 4일 : 제 300-2009-10호
주 소	서울시 종로구 효자동 64 이음빌딩 501
전 화	02-723-2556
팩 스	02-723-2557
이메일	designeum@naver.com
블로그	blog.naver.com/designeum
트위터	@designeum

값 18,000원
ISBN 978-89-94796-14-7   13520

차례
CONTENTS

008   프롤로그

011   꽃 구입하기, 손질하기, 되살리기
012   플라워 디자인 철학
015   가장 좋아하는 꽃
016   현관
036   거실
084   주방과 식사 공간
120   침실과 욕실
148   참고물품 출처

152   에필로그

프롤로그
PROLOGUE

이 책을 쓰는 동안 독창적이면서도 어렵지 않게 따라 할 수 있는 꽃꽂이 방법을 소개하려 고심했습니다. 그런 점에서 이 책은 저에게 매우 특별하다고 말할 수 있습니다. 이 책을 쓰게 된 동기는 어떻게 하면 꾸미지 않은 듯 자연스럽게 꽃을 고르고 조합할 수 있는지를 알려주고 싶어서였습니다.

이 책에서 소개하는 꽃꽂이 방식은 그다지 복잡하지 않으므로, 어려운 규칙을 따라야 한다거나 특별한 기술이 필요한 일이 아닐까 걱정하지 않아도 됩니다. 그저 약간의 상상력과 실험 정신, 일반적인 기준에 얽매이지 않는 시각만 있다면 충분할 정도로 쉽고 간단합니다. 게다가 언제 어디서나 쉽게 구할 수 있는 꽃을 사용하고, 제가 수년에 걸쳐 개발한 '제인 패커 스타일'을 모든 꽃에 적용해볼 수 있을 것입니다.

꽃을 준비하는 데 많은 돈을 들이고 싶은 사람은 없겠죠. 이 점은 꽃 장식을 고안할 때마다 항상 고려하는 사항입니다. 특히 화기 花器를 재치 있게 잘 사용하면 꽃을 적게 사용하더라도 훌륭한 효과를 볼 수 있습니다. 적당한 장소에 다양한 꽃병을 모아놓은 다음 그중 몇 군데에만 꽃을 꽂아놓으면 대여섯 줄기만 사용해도 풍성한 느낌을 만들어낼 수 있습니다.

마련해둔 꽃의 양이 지나치게 많아 보인다면 다른 장소에 사용할 수 있게 조금 남겨두는 것이 현명한 방법입니다. 적절하게만 이용한다면 얼마 안 되는 꽃으로도 집안에 놀라운 변화를 가져올 수 있다는 점을 기억해두세요.

집에 있는 용기들을 새로운 시각으로 바라보세요. 생기 넘치는 꽃이 있다면 가보로 여길 만한 고급 유리 제품이 굳이 필요하지 않습니다. 가끔 차통이나 낡은 우산꽂이 같은 의외의 물건들이 예상치 못한 최고의 찬사를 낳기도 하지요. 싱싱한 꽃은 사람들을 행복하게 만들어줍니다. 꽃을 보고 미소를 지을 수 있다면 더욱 좋은 일이 아닐까요!

이 책은 지금까지 해온 작업 가운데 가장 힘거운 일이었습니다. 그 모든 과정이 실제로 전투를 치르는 것과 다름없었습니다. 책을 준비하는 동안 뇌졸중을 앓았고 그 후 계속 심신의 장애와 싸워야 했습니다. 지금껏 아주 건강하게 살아온 제게는 너무도 큰 충격이었기에 책을 마무리하기까지 치료와 함께 많은 주의를 기울여야 했습니다.

〈제인 패커 플라워〉 팀으로부터 엄청난 도움을 받았고, 어떻게 감사를 전해야 할지 모르겠습니다. 다행히 현재 건강이 호전되어가고 있습니다. 의지를 발휘해 힘거운 작업을 해온 것이 오히려 도움되었다고 생각합니다.

이 책이 여러분의 상상력에 불을 지피고, 누구나 멋진 작품을 만들어낼 수 있다는 믿음을 심어주기를 기대합니다.

Jane Packer

꽃 구입하기, 손질하기, 되살리기
Buying, Conditioning and Reviving

신중하게 꽃을 고르고 잘 보살핀다면 좀 더 오래 즐기며 기쁨을 누릴 수 있을 것이다. 그리고 이 과정은 꽃가게에서부터 시작된다. 꽃을 구입할 때 몇 가지 간단한 지침을 상기한다면 하루, 이틀 생기를 유지하다 시들고 마는 것을 피할 수 있을 것이다.

먼저 진열대의 꽃이 깨끗한 물에 담겨 있는지 확인하자. 꽃잎이 흐늘흐늘하고 처져 있거나 가장자리에 갈색 빛이 감돌기 시작하는 꽃은 사지 말아야 한다. 양동이 아래 바닥으로 이파리를 떨구는 줄기들 또한 한창 때가 지난 것으로 볼 수 있다.

가능하면 줄기를 잘 살펴보아야 한다. 잘린 줄기의 단면은 시간이 흐르면서 갈색을 띠게 되는데, 이는 꽃가게에서 한동안 머물러 있었다는 표시이다. 꽃잎은 싱싱하고 봉오리는 아직 오므라져 있는 꽃을 고른다. 잎은 단단하고 노랗게 물들지 않은 푸른빛을 띠어야 한다.

절화 Cut Flowers 손질하기

물을 충분히 머금지 못한 꽃은 부족한 물을 제대로 보충할 수 있도록 해줘야 한다. 꽃을 사오면 줄기를 비스듬히 다시 잘라 마른 절단면을 넓혀준다. 그러면 꽃은 물을 더 많이 흡수할 수 있게 된다. 줄기 아래쪽의 나뭇잎은 제거해야 물이 빨리 탁해지는 것을 방지할 수 있다. 그런 다음 깊은 용기에 물을 채워 손질한 꽃을 담근다.

꽃에 맞는 영양제(플라워 푸드 Flower Food)를 구입하는 것도 좋은 방법이다. 영양제를 사용하면 꽃봉오리가 잘 피어나고 꽃병 내 세균의 번식이 억제될 뿐만 아니라 절화의 수명도 길어질 것이다.

꽃다발을 한 아름 구입했든 장미 한 송이를 구입했든, 원칙은 언제나 같다. 매일 물을 정성껏 갈아주어야 더 오래 싱싱한 꽃을 감상할 수 있다.

꽃다발 손질하기

아름다운 꽃다발을 받는 행운을 누린 경우에도 같은 원칙이 적용된다. 줄기를 사선으로 다듬되 전체적인 균형을 망가뜨리지 않도록 조금씩만 자르고, 수면 아래쪽 나뭇잎은 제거한다. 꽃다발을 묶고 있는 끈을 자르지 말아야 가지런한 배열을 흐트러뜨리지 않는다.

처진 꽃 되살리기

오랫동안 물 밖에 나와 있는 꽃은 고개를 숙이기 마련이지만 이를 되살릴 수 있는 방법이 있다. 종이 몇 장을 깔고 그 위에 줄기를 놓은 다음 처진 꽃잎이 똑바로 고개를 들 수 있도록 종이를 단단히 말아 감는다. 줄기를 비스듬히 다시 자르고 몇 시간 정도 물에 넣어둔 다음 돌돌 만 종이를 풀어준다.

다른 꽃에 비해 더 잘 마르는 꽃이 있다. 시들시들해진 수국 Hydrangea 이나 장미는 꽃잎 부분까지 전부 차가운 물에 담가두었다가 꺼내면 되살아난다. 꽃잎에 분무기로 물을 충분히 뿌려주어도 꽃잎이 쫑긋 서며 생기를 되찾을 것이다. 매일 거르지 않고 해주면 꽃의 수명도 연장할 수 있다.

플라워 디자인 철학
Design Philosophy

내가 추구하는 디자인 철학은 매우 단순하다. 나에게 영감의 원천은 언제나 자연, 즉 나무나 줄기에서 꽃이 자라는 방식이다. 따라서 '제인 패커 스타일'은 꽃의 색조는 다양하더라도(예를 들면 연보라에서 짙은 보라까지) 한 가지 색상의 이미지에 집중하고, 꽃의 종류도 서너 가지를 넘지 않는다. 꽃의 종류를 제한하면 보는 사람이 꽃 하나하나가 주는 독특한 아름다움을 유심히 감상하게 되는 효과를 발휘한다.

나는 여러 가지 꽃을 사이사이에 섞어놓는 꽃꽂이보다는 일정한 순서 없이 자연을 닮은 것처럼 같은 품종을 함께 모아놓는 형식을 좋아한다. 때로는 한 단계 더 나아가, 같은 색조를 띤 두세 가지 꽃들을 구입한 다음 다양한 모양과 높이의 꽃병에 따로따로 꽂아두기도 한다. 이렇게 하면 너무 화려해서 부자연스러운 장식을 피할 수 있고, 대신 심플하면서도 우아한 작품을 만들 수 있다.

균형과 조화

꽃 장식을 준비할 때마다 늘 염두에 두는 생각은 서로 잘 어우러지는 꽃과 화기를 골라 전체적으로 조화롭고 균형 잡힌 작품을 만들자는 것이다. 꽃과 화기는 서로 보완하는 사이여야지 경쟁을 이루는 관계여서는 안 된다. 장식적인 꽃병이 하나 있다면 가장 심플한 꽃과 짝을 이뤄주고 싶다. 예를 들면 공 모양의 수국 한 송이나 칼라 두 송이 정도가 적당할 것이다. 마찬가지 이유로, 크고 화려한 꽃 장식에는 수려한 꽃들과 겨루지 않아도 되는 단순한 모양의 화기가 필요하다.

꽃 장식에 필요한 꽃을 홀수로 사용하는 지금까지의 규칙에는 여전히 변함이 없다. 꽃을 홀수로 사용하면 줄이 너무 가지런해서 밋밋하지 않고, 비대칭과 무작위의 자연미가 느껴지는 구성을 만들 수 있다.

꽃병과 화기

늘 꽃과 함께 지내는 것을 좋아하는 사람이라면, 갖가지 모양과 색깔, 재료로 이루어진 꽃병과 화기를 수집해놓자. 언제든 필요할 때마다 다양한 크기와 스타일의 꽃꽂이에 활용할 수 있을 것이다. 키가 큰 원통형의 꽃병은 아마릴리스Amaryllis나 백합Lily 같은 줄기가 긴 꽃을 돋보이게 하며, 눈높이에 맞춰놓거나 벽난로 위 선반에 올려놓으면 좋다. 낮은 사각 수조는 커피 테이블 위 꽃꽂이에 아주 잘 어울린다. 이때 중요한 사항이 있다면, 꽃병에 꽃을 가득 꽂아야 하고, 꽃송이들이 병 주둥이 바로 위에 빽빽하게 다발을 이루도록 줄기를 짧게 잘라주어야 한다.

나팔 모양의 고전적인 화기도 유용하다. 이런 꽃병에는 넓은 주둥이를 가득 채울 수 있는 많은 양의 꽃이 필요하므로 튤립Tulip이나 수선화Narcissus 같은 너무 비싸지 않은 꽃을 사용해야 무리가 없다. 이밖에 앙증맞을 정도로 작고 목이 좁은 버드 꽃병Bud Vase에는 한 송이로도 완벽한 모양을 뽐내는 꽃이 제격이다. 요즘에는 한두 송이만 품은 작은 꽃병을 한데 모아놓는 방식을 애용하고 있다. 이렇게 하면 신선하고 모던한 느낌을 주면서도 꽃이 많이 필요하지 않으니 경제적으로도 매우 효율적이다.

가장 좋아하는 꽃
FAVOURITE FLOWER

내가 가장 좋아하는 꽃은 때마다 늘 변한다는 사실을 고백하지 않을 수 없다. 매일 아침저녁으로 꽃과 씨름하다 보면 누구든 쉽게 싫증을 느낄 것이다. 뭐랄까, 익숙해지면 시들해지는 것처럼, 좋아하던 꽃도 이내 참신한 맛을 상실해버리는 것 같다.

하지만 긴 세월에도 끊임없는 사랑을 받아온 꽃이 있다. 더구나 원예가들은 이런 꽃에게 새로운 색을 입혀 재탄생시키는 경우가 많다. 델피니움Delphinium참제비고깔을 예로 들면, 과거에는 푸른색과 보라색만 볼 수 있었지만 지금은 감미로운 느낌을 주는 복숭아색도 접할 수 있다. 원예가들은 또한 더 큰 장미나 더 매혹적인 겹꽃 작약Double Peony 같은 새로운 품종이나 유형을 개발하기 위해 애쓰고 있다. 게다가 유행은 돌고 돌기 마련이다. 한때 인기를 끈 뒤 사람들의 관심에서 멀어진 꽃이 새롭게 유행을 타면서 다시 가치가 높아지며 호기심을 불러일으키기도 한다.

요즘에는 연중 어느 때라도 원하는 꽃을 살 수 있지만, 〈제인 패커 플라워〉에서는 가능하면 제철에 피는 꽃을 사용하려고 노력한다. 한해를 통틀어 단 몇 주밖에 피지 않는 작약Peony이나 은방울꽃Lily of the Valley은 이를테면 사치품 반열에 오른 희귀종이다. 지금은 이런 꽃은 제철이 아닌 시기에도 구입할 수 있지만 아주 고가인 데다 품질도 좋지 않은 경우가 대부분이다. 뿐만 아니라 스톡Stock비단향꽃무이나 은방울꽃의 예에서 알 수 있듯 저장성도 매우 떨어진다. 그러므로 이런 꽃은 잠깐 동안 바라보는 즐거움으로 만족해야지, 오래 지속되기를 기대했다가는 틀림없이 낙담하고 말 것이다.

나는 항상 장미를 사랑했다. 장미는 〈제인 패커 플라워〉의 대표적인 꽃이자 호화로운 매력을 전형적으로 보여주는 꽃이다. 내가 처음 화훼 가공 일을 시작한 당시에는 장미의 품종이 대략 네다섯 종에 불과했지만 지금은 그 수가 그야말로 수천 가지나 된다. 장미가 플로리스트들의 사랑을 받는 이유는 셀 수 없이 많다. 먼저 생명력이 강하고, 제법 커다란 꽃병에 사용해도 모자람이 없으며, 다양한 꽃 장식에서 단연 중심 역할을 하기 때문이다. 현재 웨딩 시장의 규모가 커짐에 따라 그 수요를 충족시키기 위해 해마다 장미의 품종이 새롭게 개발되고 있다. 요즘 유행의 추세는 향기가 좋은 장미에 맞춰져 있어, 겉으로 보기에는 로맨틱하고 빈티지한 느낌이 드는 품종이 사랑을 받고 있다.

한편 수명이 한 주 이상 지속되는 튼튼한 꽃도 많다. 예를 들어 국화Chrysanthemum는 생명의 끈이 매우 질긴 꽃이라고 할 수 있다. 몇 년 전에는 꽃잎이 무성한 초록 국화가 유행하긴 했지만 그때에도 국화를 그다지 좋아하지는 않았다. 카네이션 또한 생명력이 강해서 돈 들인 만큼의 가치가 있다. 카네이션은 특별한 멋이 있다고 보기는 어렵지만 넉넉하게 한 묶음 구입해 모아놓으면 색다른 분위기를 보여줄 수 있다.

손이 잘 가지 않는 꽃이 있는지 가끔 질문을 받을 때가 있지만 그 역시 그때그때 항상 바뀐다. 요즘 내가 관심을 쏟는 대상은 알리움Allium으로, 특히 꽃잎이 떨어진 뒤 남는 씨앗주머니는 인상적인 조각품을 보는 것 같다. 가장 좋아하는 꽃 딱 하나를 고르는 일은 쉽지 않다. 하지만 다행히도 플로리스트로 살고 있으니 굳이 그럴 필요가 있겠는가!

01
Hallways

현관:

손이 잘 안 가는 현관은 집에서
소홀히 다루어지기 쉬운 장소이다.
하지만 싱싱한 꽃으로 꾸며준다면
현관은 생기를 뿜어내며 집에
들어서는 이를 따뜻하게 맞아줄
것이다.

현관
Hallways

현관은 집안의 다른 공간에 비하면 신데렐라 신세나 마찬가지라는 생각이 든다. 돌보지 않고 방치한 나머지 신지 않는 신발과 외투, 우산, 헬멧, 광고 우편물 등 둘 데 없는 잡다한 생활용품들이 항상 지저분하게 늘어져 있기 때문이다. 참으로 안타까운 일이다. 현관은 집의 입구로서 집안 분위기를 가늠하게 해주는 곳인데도 말이다.

  방문객은 이곳에서 집주인의 생활방식과 취향을 파악하는 중요한 첫인상을 받기 마련이다. 이뿐만 아니라 현관은 사람들의 왕래가 잦은 곳으로, 하루 종일 가족을 비롯해 아이들과 친구들, 애완동물, 택배 기사, 잡상인이 드나들며 눈길을 주는 장소이다. 그러므로 어수선하지 않게 불필요한 것들을 치우고, 실용적인 공간이 되도록 깔끔하게 유지할 필요가 있다. 이곳을 꽃으로 장식한다면 어떨지 상상해보자.

  나는 현관이야말로 싱싱한 꽃이 절실히 필요한 공간이라고 생각한다. 손님을 처음으로 맞이하는 곳이므로 꽃을 활용해 멋지게 탈바꿈시켜 보자. 첫인상은 중요한 법이다. 누군가 불쑥 집으로 찾아올지도 모르는 일 아닌가! 나는 현관 장식용으로 향기가 물씬 풍겨오는 꽃을 즐겨 사용한다. 기분을 달래주는 꽃향기가 길고 고된 하루를 마치고 집으로 들어서는 주인을 반겨줄 것이다. 그래서 나는 라벤더Lavender와 스위트피Sweet Pea, 작약, 수선화, 히아신스Hyacinth 같은 꽃들을 좋아한다.

현관은 모양과 크기에 따라 매우 다양하므로 각자의 상황에 맞게 잘 활용해보도록 하자. 좁은 복도식 현관의 경우 대개 한쪽에 큰 계단이나 긴 벽이 있다. 계단 밑에 커다란 꽃병을 마련해 꽃을 꽂아두면 이런 식의 현관을 보완할 수 있다. 길고 호리호리한 꽃병을 골라 글라디올러스Gladiolus, 에어럼 릴리Arum Lily칼라, 델피니움처럼 곧게 뻗은 꽃들로 채워주면 좋다. 우아하고 줄기가 긴 꽃들이 수직으로 상승하는 견고한 벽면과 잘 어울리기 때문이다.

만약 현관에 폭이 좁은 콘솔형 테이블을 놔둘 만한 여유가 있다면 싱싱한 꽃으로 꾸며주기에 이보다 더 안성맞춤인 곳은 없다. 내 콘솔 위에는 재미있게 생긴 형형색색의 꽃병들이 즐비하다. 이 꽃병들은 비어 있을 때에도 분위기를 살려주지만 꽃이 담겨 있으면 더욱 보기 좋다. 이밖에도 검은 빛깔의 멋진 나뭇가지를 한 아름 구입해 키가 큰 검은 유리 꽃병에 꽂아놓으니 제법 눈길을 끌며 색다른 느낌을 준다.

넓찍한 현관 로비를 갖춘 행운의 소유자라면 꽃을 활용해 거창하고 화려하게 꾸며볼 수 있다. 바닥이나 의자 옆에 놓인 커다란 꽃병이 대담하게 시선을 사로잡으며 돋보이겠지만 사이드 테이블 위의 아름다운 꽃 한 송이를 품은 목이 좁은 버드 꽃병도 그만큼의 효과를 볼 수 있다. 공간이 넉넉하다면 두 가지를 병행해도 좋을 것이다.

결혼식이나 동창회, 여름철 파티 같은 특별한 행사를 위해 현관을 장식하며 즐거운 시간을 보낼 수도 있다. 특히 크리스마스 시즌에는 윤기 있는 상록수 리스Wreath원형 화환나 향기 좋은 소나무 갈런드Garland일자형 화환, 넓찍한 공간이라면 크리스마스 트리를 들여다 너도나도 현관을 장식한다. 하지만 집안을 꽃으로 장식하는 데 특별한 이유가 필요한 것은 아니며, 더군다나 현관은 집주인의 개성을 드러내고 손님을 따뜻하게 맞이할 수 있는 최상의 장소이다.

이전 페이지 · 좁은 현관 탁자 위에 길고 향기로운 스위트피가 작은 단추 모양의 백일홍Zinnia과 완벽한 맵시를 뽐내는 달리아Dahlia, 흐드러진 작약 옆에 놓여 있다. 얼마 안 되는 꽃을 사용하면서도 갖가지 형태와 크기, 높이의 꽃병과 양초를 곁들어 이토록 풍성한 느낌을 살릴 수 있다니 놀랍다.

왼쪽 · 스타티스Statice는 추레한 노부인 같은 이미지 때문에 솜씨 좋은 플로리스트들이 거의 사용하지 않았던 꽃이다. 하지만 강한 생명력과 매우 다양한 색감 덕분에 다시 인기를 끌고 있다. 스타티스는 손을 덜 타고 예쁘게 잘 마르는 데다 어두운 현관도 밝게 해주는 효과가 있다.

위쪽 · 이 레몬색 수국은 완벽할 정도로 자연스러워 보이지만 사실은 물을 들인 것이다. 빼빼한 꽃잎들이 동그란 모양을 이루는 수국은 다른 꽃들과 조화를 이루기보다는 단독으로 놓일 때 멋진 자태를 한껏 드러낼 수 있다.

왼쪽 · 하얀 빛깔의 에어럼 릴리는 굉장히 고전적이면서도 세련된 조형미 덕분에 현대적인 느낌을 동시에 주는 꽃이다. 사진 속 작품에는 줄기가 긴 칼라 다섯 송이가 높이가 다른 비슷한 모양의 꽃병 세 개에 나눠져 있을 뿐인데 그 이미지는 매우 강렬하다. 얼마나 경제적인가. 꽃송이들은 서로 다른 방향으로 기울어져 있어 전체 구도를 흥미롭고 짜임새 있게 만들어낸다. 칼라는 아트 데코Art Deco 기하학적 무늬와 강렬한 색채가 특징인 장식 미술 풍의 나무랄 데 없는 고상함을 풍길 뿐만 아니라 튼실한 식물군에 속해 현관 같은 서늘한 장소에서도 최소한 일주일은 생기를 유지할 것이다. 하지만 줄기가 두껍고 즙이 많아 물이 금방 탁해지므로 가능하면 매일 규칙적으로 물을 갈아주는 것이 좋다.

다음 페이지 · 붉고 푸른 덴드로비움Dendrobium 난초 다발은 보통 키가 큰 도자기 꽃병에 꽂아두는 경우가 많다. 선명한 연녹색과 칠리 페퍼 빛깔이 기대 이상으로 뚜렷한 색상의 대비를 이루며 넓고 활기찬 실내 공간을 풍요롭게 해주고 있다. 덴드로비움은 특히 오래 지속되므로 가격 대비 우수한 품질이라고 할 수 있다. 생명력이 다해가는 시기는 꽃이 줄기에 떨어질 듯 아슬아슬하게 붙어 있는 것을 보면 알 수 있다.

이전 페이지 · 예전에는 겨울철에만, 그것도 이전부터 존재했던 붉은색이나 흰색의 아마릴리스만을 구할 수 있었다. 하지만 요즘에는 눈길을 사로잡을 정도로 매력적인 수많은 품종이 개발되어 나와 있는가 하면 도태되는 품종도 해마다 늘고 있다. 싱싱한 아마릴리스가 단단한 꽃봉오리 형태로 화원에 나오면 모두들 오렌지, 분홍, 노랑 등으로 물들인 화려한 색조의 아마릴리스 봉오리들이 놀라운 크기로 만개하는 모습을 기대한다. 새롭고 흥미진진한 색채의 배합 외에도 더 작고 앙증맞은 크기의 아마릴리스도 볼 수 있다. 여기서 나는 가운데 부분이 하얀, 타는 듯한 붉은 빛깔의 품종을 골랐다. 맵시 있는 이 꽃들 덕분에 조각거울 장식장이 있는 백색 톤의 멋진 현관이 더욱 빛을 발한다. 단순한 배치라도 크기가 다른 같은 모양의 꽃병을 사용해 두 배의 효과를 거둘 수 있다.

왼쪽·오른쪽 · 특별히 축하할 일이 생기면 집에 있는 물건을 새롭게 꾸며보아도 좋다. 나뭇잎으로 엮은 갈런드는 오래 사용할 수 있을 뿐만 아니라 만들기도 쉽다. 갈런드 만드는 일은 성가셔 보일지 모르지만 다른 작업과 마찬가지로 일단 요령을 알고 나면 수월하게 할 수 있다. 먼저 튼튼한 트와인Twine와이어가 들어 있는 끈을 원하는 길이대로 자른 다음 와이어를 이용해 나뭇잎 줄기들을 하나하나 트와인에 묶는다. 금세 나뭇잎을 한 가닥으로 이어 만들 수 있을 것이다. 여기서 세네키오Senecio(왼쪽)와 은색 브루니아Brunia(오른쪽)를 사용했다. 이밖에도 갈런드를 만들기에 적당한 나뭇잎으로 열매가 맺힌 아이비Ivy담쟁이덩굴와 유칼립투스Eucalyptus가 있고, 물론 향긋한 소나무Pine도 좋다. 갈런드는 물에 담가두지 않으므로 금방 시들지 않는 튼실한 나뭇잎을 사용하는 것이 무엇보다 중요하다.

위쪽 · 나는 이처럼 눈에 확 띄는 디자인을 좋아한다. 완벽한 형태를 갖춘 검은 통옥수수가 마른 겉껍질과 뚜렷한 대조를 이루고 있다. 겉껍질의 흐트러진 모습은 바람에 흩날리는 것처럼 보인다. 옥수수를 광택이 나는 호박 모양의 꽃병 한켠에 꽂아놓으니 현대적인 느낌이 드는 동시에 꽃병의 형상도 제대로 감상할 수 있다. 다뤄볼 만한 새로운 소재를 찾아내 기대하지 못했던 아름다운 작품을 탄생시킬 때면 늘 가슴이 설렌다.

오른쪽 · 진한 자줏빛으로 물들인 떡갈나무Oak 이파리들과 붉고 여린 스키미아Skimmia를 혼합한 장식이다. 항아리 모양의 꽃병은 매우 고전적이지만 검은 벽을 배경으로 이 공간에 어울리는 모던한 느낌을 전해준다. 보랏빛이 감도는 붉은 떡갈나무 이파리와 스키미아가 현관에 생기를 불어넣어주는 것 같아 마음에 든다.

02
Living Room

거실:

거실에 특별한 느낌을 주고
싶다면 꽃을 활용해보는 것이
가장 손쉬운 방법이다.
꽃을 보고 있으면 자연의 숨결과
사계절의 변화는 물론 우리가
살고 있는 세상이 느껴진다.

거실
LIVING ROOM

거실이 크든 작든 가족들은 이곳에서 차분하고 편안한 마음을 누릴 수 있어야 한다. 어느 계절이든 항상 아늑하고 따뜻한 느낌을 받을 수 있어야 최고의 거실이라고 할 수 있다. 쿠션이나 전등 등의 다른 소품으로 거실을 장식하는 경우가 많은데, 이곳에 활기를 불어넣어 주는 것으로 꽃을 따라갈 만한 아이템은 없다고 생각한다.

거실 장식용 꽃을 고를 때 첫 번째로 고려해야 할 사항은 그 외관이다. 거실 인테리어 색깔과 조화를 이루는 꽃을 선택하는 것이 제일 중요하다. 나는 보통 같은 내용이라도 여러 가지로 표현하는 것을 즐기지만, 내 집을 꾸밀 때면 오래전부터 좋아해 오던 꽃인 장미나 아마릴리스처럼 화려하고 드라마틱한 붉은 꽃을 되풀이해 사용한다는 사실을 인정하지 않을 수 없다. 이런 꽃이 내 거실 벽의 침울한 회색 톤을 완벽하게 보완해주기 때문이다.

다음으로 거실 내에 꽃으로 꾸밀 만한 자리가 있는지 살펴보자. 벽난로 위에 선반이 있는가? 치자나무 꽃Gardenia으로 꾸며놓으면 화사해질 것이다. 혹은 책장이 있는가? 코끼리 모양 도자기를 한 줄로 늘어놓고 장미 한 송이씩 꽂아놓으면 멋진 장식품이 될 것이다.

커피 테이블 위에 놓은 꽃 장식은 언제 어디서나 시선을 사로잡는 인기 품목이다. 이런 형식은 가까이 혹은 위에서 보도록 디자인하는 게 보통이다. 주로 한 가지 품종만 사용하는 꽃꽂이에 유용하고, 복잡한 형태의 꽃에 적합하다. 예를 들어 달리아나 수국은 공 모양을 이루는 빽빽한 꽃잎 때문에 가까이 다가가 보게 하는 꽃들이다.

커다란 벽난로 주변은 대담한 직립형 꽃 장식을 선보이기에 안성맞춤인 곳이다. 고자세로 서서 시선을 한 몸에 받는 대형 꽃병에 델피니움이나 우아하면서도 당당한 아마릴리스를 한 아름 가져다 거창하게 꾸며볼 수 있다.

다른 공간들도 소홀히 넘기면 안 된다. 책장이나 벽난로 위 선반, 사이드 테이블에 꽃이 있다면 더욱 생동감 있어 보일 것이다. 사이드 테이블 위에는 테이블용 전등을 활용해 매혹적인 장미 한 송이를 품은 버드 꽃병을 강조해주고, 콘솔 테이블 위에는 재질이나 색깔이 비슷한 꽃병 모음에 매력적인 분홍색 작약을 하나씩 꽂아두면 좋다.

거실 한구석을 비집고 자그마한 작업 공간을 마련해야 할 때가 있다. 그런 곳에도 꽃을 두면 즐거운 마음으로 일할 수 있다. 컴퓨터 옆에 놓인 작은 스위트피 꽃다발은 서류를 작성하는 동안 잠깐씩 머리를 식히는 데 도움이 될 것이다.

나는 손님 접대하는 것을 좋아한다. 그러다 보니 제철에 피는 꽃을 활용하는 것이 파티를 앞두고 거실을 꾸미는 가장 손쉬운 방법이라는 사실을 알게 되었다. 봄철에는 향긋한 꽃이 여유를 느끼게 해줄 것이다. 향기가 자극적인 히아신스와 수선화도 괜찮고, 갯버들Pussy Willow이나 끈적거리는 꽃봉오리가 맺힌 가지를 이용하면 드라마틱한 효과를 발휘할 뿐만 아니라 들어간 비용 이상의 소득을 거둘 것이다. 운 좋게 정원에 관상용 과수가 있다면 가지 몇 개를 꺾어 봄기운이 전해지도록 거실에 가져다 놓아도 좋다.

여름이 되면 선택의 폭이 너무 넓어 결정이 쉽지 않다. 이 계절에 내가 즐겨 사용하는 꽃은 수국, 작약, 가든 로즈Garden Rose원예종 장미, 스톡 등이며, 대부분 향기를 물씬 풍긴다. 여름 꽃들, 특히 스톡은 수명이 길지는 않지만 우수수 떨어지는 꽃잎 덕분에 그리움을 자아내게 하는 매력이 있다.

가을철에는 색색의 멋진 나뭇잎으로 여러 가지 변화를 줄 수 있고, 겨울이 되면 열매가 달린 가지와 윤기 있는 상록수, 조형미를 뽐내는 아마릴리스, 가장자리가 장식적인 브라시카Brassica배추속 식물를 이용하면 좋다.

이전 페이지 · 이 수레국화Cornflower는 믿기 어려울 정도로 선명하고 강렬한 파란색을 띠고 있다. 값비싼 꽃은 아니지만 이처럼 한 아름 꽂아놓으면 뚜렷한 존재감을 과시한다. 뒤쪽에 있는 그림 속 파란 리본이 꽃 장식 쪽으로 흘러내리는 것처럼 보여 디자인의 색감과 담백함이 더욱 돋보인다. 소박하면서도 매력적인 수레국화를 담을 화기로 장식이 없는 오래된 유리병과 철사로 엮은 용기를 선택했다.

왼쪽 · 꽃병 가득 아주 연한 청색의 델피니움이 하늘 높이 뻗어 있고, 그 아래로 비슷한 색조의 수국이 주름장식을 단 깃처럼 둘려 있어 풍성함과 깊이가 느껴진다. 이번 구성에서는 나뭇잎을 전혀 사용하지 않고 대신 꽃 자체만으로 개성을 드러내도록 했다. 덕분에 전통적인 느낌이 상당히 강한 플라워 디자인에 현대적인 감각을 가미할 수 있었다.

오른쪽 · 나팔 모양의 꽃들이 줄기를 따라 줄줄이 피어 있는 겐티아나Gentiana 용담꽃의 생명은 생기 넘치는 짙은 청색에 있다. 겐티아나는 좁은 키다리 꽃병에 잘 어울리며, 각 줄기마다 무성한 꽃송이 덕분에 한두 줄기만으로도 멋스러운 효과를 낼 수 있다.

왼쪽 · 두루미냉이Lamb's Ears 라고도 알려진, 품종이 굉장히 다양한 석잠풀Stachys이 장관을 이루고 있다. 부드럽고 벨벳 같은 질감 때문에 만져본 사람은 누구나 깜짝 놀라게 되며, 흰 자작나무Birch로 만든 거대한 꽃병에 시선이 머물면 한 번 더 경탄하게 된다. 나는 거칠거칠한 나무껍질에서부터 솜털 같은 석잠풀과 사물을 비춰주는 매끄러운 표면의 미러글라스까지 이런 대조적인 질감을 아주 좋아한다.

오른쪽 · 사진 속의 유칼립투스 깍지는 색이 옅고 아름다운 은빛 광채를 띠고 있다. 용기 주변을 나무껍질로 감싸고 있는 탓인지 깍지들이 더욱 빛을 발하는 것 같다. 물에 계속 넣어두면 깍지들이 툭 터지면서 산호처럼 생긴 복슬복슬한 수술이 드러나고 딱딱한 껍질과는 놀라운 대조를 이룰 것이다. 하지만 물 밖에 놔두면 지금과 같은 모습이 그대로 유지될 것이다.

다음 페이지 · 다양한 모양과 크기의 고풍스러운 우승컵에 각양각색의 다육식물Succulent Plants을 심어놓았다. 다육식물은 생명을 유지하는 데 많은 물이 필요하지 않으므로 가끔씩만 물을 주면 된다. 게다가 어느 날 갑자기 새로운 줄기를 틔우거나 싱싱한 꽃을 피우는 등 눈에 띄는 변화를 일으켜 깜짝 놀랄 때가 많다.

왼쪽·오른쪽 · 연녹색 수국이 예쁜 종 모양 유리 덮개와 커다란 단지 안에 들어가 있다. 유리를 통해 바라보니 꽃들이 무슨 식물 표본 같다는 생각이 들고 값비싼 불선처럼 느껴진다. 사진에서처럼 텅 빈 벽난로를 꽃으로 채우는 것은 내가 광장히 좋아하고 즐겨 사용하는 방법이다. 겨울철에는 벽난로에 따뜻한 불꽃이 일렁이는 것을 당연하게 받아들인다. 하지만 여름이 되면 벽난로는 늘 어둡고 텅 비어 있다. 그 빈 공간이 다채로운 색들로 채워 달라고 부르짖는 것 같아 늘 마음에 걸린다. 수국은 예쁘게 잘 마르는 데다 색감도 잃지 않는 특성이 있지만 좀 더 신선하게 보관하기 위해 작은 미러 글라스 꽃병에 수국 줄기를 각각 담아 유리 덮개로 덮어두었다.

다음 페이지 왼쪽 · 튤립 한 아름이 오래된 황동 제등 밖으로 쏟아질 듯 꽂혀 있다. 나는 특이한 용기를 사용하는 것을 좋아하는데, 그것은 항상 얘깃거리가 되곤 했다. 튤립은 물속에서도 계속 자라기 때문에 자주 줄기를 잘라주고 매일 물을 갈아줄 필요가 있다.

다음 페이지 오른쪽 · 단추 모양의 레몬색 달리아들을 모두 높이가 다르게 줄기를 자른 다음 낮은 테이블 위의 이국적인 황동 꽃병 속에 듬성듬성 꽂아두었다. 용기들은 모양과 크기가 제각각 다르지만 달리아를 매개로 통일성을 갖추게 된다. 이런 훌륭한 방법으로 소중하게 수집한 꽃병을 전시할 수도 있다.

왼쪽·위쪽· 이 디자인은 차분하고 소박한 느낌뿐 아니라 깨끗하고 간결한 모양의 용기 덕분에 매우 현대적으로 보인다. 높이가 낮은 꽃병에는 완벽한 형태의 매끈한 양귀비 열매Poppy Head가 줄지어 있다. 줄 안의 자기 자리를 지키려고 똑바로 앉지 않고 서로 조금씩 비켜 앉은 듯한 방식이 마음에 든다. 키가 큰 꽃병에는 녹색이 선명한 스위트 윌리엄Sweet William수염패랭이꽃 세 송이만이 꽂혀 있다. 솜털처럼 여린 모습이 옆에 있는 양귀비 열매의 매끈한 표면과 완벽한 대조를 이룬다. 녹색 스위트 윌리엄이 진기한 종은 아니지만 대개는 분홍이나 자줏빛을 더 많이 볼 수 있다. 산뜻한 풍미를 지닌 이 녹색 품종이 시장에 출시된 것은 최근의 일이다.

왼쪽 · 나는 노란색을 좋아하지는 않지만 이 에레무루스Eremurus의 화사한 빛깔은 굉장히 좋아한다. 기다란 줄기는 길이가 1미터는 되는 듯하고, 줄기 아래에서부터 끝까지 작은 꽃들이 빽빽하게 피어 있다. 여기에 신선한 향기가 나도록 회향Fennel 몇 줄기를 보탰다. 이런 색깔들은 벽에 붙어 있는 그림에 새로운 활기를 불어다 줄 뿐만 아니라 일에 지친 우리에게도 꼭 필요한 힘과 용기를 심어줄 것이다.

위쪽 · 튜버로즈Tuberose월하향는 그야말로 성스러운 느낌을 준다. 부드럽고 연한 하얀 꽃이 피기까지 오랜 시간이 걸리지만 활짝 피면 그 향기가 놀라울 정도이다. 꽃봉오리가 단단히 오므라져 있어 아직은 사랑스러운 연초록의 기운이 감돈다. 때로는 한 종류의 꽃이 선사하는 순수함 만큼 영감을 불러일으키는 것은 없다. 나도 모르게 책상에 앉아서 기막히게 멋진 이 꽃을 바라보게 된다. 책장을 넘길 때마다 퍼지는 향기가 코끝을 진하게 자극한다.

왼쪽 · 나는 이처럼 고풍스런 매력이 풍기는 꽃꽂이를 좋아한다. 치자나무 꽃은 내가 늘 아끼고 애용하는 종류이다. 탁월한 꽃향기는 거실 곳곳에 퍼질 정도이고, 고혹적인 아름다움은 보는 이의 마음을 사로잡는다. 꽃 주변을 윤기 있는 나뭇잎들이 둘러싸고 있다. 치자나무는 따뜻한 기후에서 잘 자라므로 북번구에서는 보기 힘든 식물이다. 일본에서 거리를 걸다 치자나무를 본 적이 있다. 그때의 광경을 지금도 잊을 수가 없다.

다음 페이지 왼쪽 · 하얗고 앙증맞은 폼폼 소국 Pompon Chrysanthemum 줄기를 짧게 잘라 낮은 볼에 담아두었다. 국화는 갈라진 줄기에서 자라나는 꽃이 많으므로 줄기를 짧게 잘라 꽂아주면 불규칙한 다층효과를 발휘해 깊이를 느끼게 해준다. 폼폼 소국은 1년 내내 언제든 구입이 가능하며 저장성도 우수하다.

다음 페이지 오른쪽 · 커다란 유리 어항 꽃병에 하얀 수국이 가득 꽂혀 있다. 매우 심플하면서도 강한 인상을 주는 디자인이다. 꽃이 몇 대면 충분할 것 같지만 꽃의 크기와 달리 이 정도 규모의 꽃병을 채우려면 적어도 10~11대의 수국이 필요하다. 나는 이 꽃 장식을 꾸밀 때 어항을 본떠 수국을 둥근 천장 모양으로 배치했다. 지나가던 사람은 누구나 한번쯤 멈춰 경이로운 눈길로 이 아름다운 꽃을 바라볼 것이다.

왼쪽 · 금속 왕관을 보는 순간, 가장 좋아하는 장미로 참신하게 꾸며보자는 생각이 들었다. 그래서 노르스름한 빛깔에 근사한 향기를 지닌 데이비드 오스틴 로즈David Austin Rose와 연분홍빛의 벤델라 로즈Vendela Rose를 사용했다. 오아시스에 이 꽃을 꽂은 다음 아치형 내부에 놓으니 왕관 장식용 벨벳 쿠션처럼 보인다.

오른쪽 · 이 작고 고풍스러운 은색 장화를 그냥 내버려둘 수가 없어 꽃으로 장식해보았다. 가운데 부분이 노란, 작고 하얀 과꽃Aster이 장화마다 위에서 빼꼼히 내다보고 있는 모습이 데이지Daisy를 연상시킨다. 장화 크기에 딱 들어맞는 과꽃은 이 모습 그대로 적어도 일주일은 신선함을 유지할 것이다.

다음 페이지 · 적색경보를 발하는 듯한 이 작품에는 세 가지 붉은 달리아가 사용되었다. 진홍빛과 밝은 우체통 빛깔, 흰 페인트에 잠깐 담갔다 꺼낸 듯 꽃잎 끝부분이 하얗게 얼룩덜룩한 빛깔이 서로 어우러진다. 늦은 여름과 이른 가을 사이에 볼 수 있는 달리아는 모양과 색깔이 매우 다양하다. 풍성하고 멋진 조합은 인테리어와 완벽한 조화를 이루고 있다.

왼쪽 · 블랙 바카라 로즈Black Baccara Rose의 색상은 그 이름처럼 거의 검정에 가까울 정도로 검붉고 화려하다. 나는 키가 큰 꽃병의 목 부분에 이 장미 꽃다발을 깔끔하게 배치했고, 그 한쪽에서부터 붉은 아마란서스Amaranthus줄맨드라미가 길게 흘러내리도록 했다. 초록 잎사귀들은 자홍빛 꽃에 쏠리는 시선을 빼앗지 못하도록 모두 떼어내 버렸다. 사진 속 꽃병은 뭔가를 암시하는 듯한 인상을 풍기고, 이에 맞춰 꽃들도 할 말이 있는 듯 앞서 나온 모양새이다.

오른쪽 · 셀로시아Celosia맨드라미는 내가 본 꽃 중 가장 흥미로운 꽃이다. 솜털 같은 질감과 복잡한 소용돌이 무늬의 꽃을 위에서 잘 감상할 수 있으려면 키가 작은 꽃병에 꽂아야 한다. 여기서 나는 흑백 구성의 배경에 극적인 분위기를 더해주기 위해 진홍빛 맨드라미를 골랐다.

다음 페이지 왼쪽 · 이국적이면서도 비현실적인 아름다움을 풍기는 진분홍빛 반다Vanda 난초가 독특한 모양의 도자기 꽃병과 어우러져 눈길을 사로잡는다.

다음 페이지 오른쪽 · 꽃잎이 빽빽하고 붉은 가든 로즈 한 다발이 아무 격식 없이 비스듬히 놓여 있다. 편안하고 모던한 실내장식과 잘 어울리는 디자인이다.

왼쪽 · 여러 가지 꽃병과 그릇에 정성스레 꽃을 올려놓으니 분위기가 화사하게 되살아난다. 연녹색 수국과 진홍빛 장미, 짙은 풍미를 가진 오렌지색 달리아 등 주로 밝은 색상의 꽃을 골라보았다. 용기들은 제각기 색상과 크기, 형태 등이 모두 다르다. 화사하리만치 노란 1960년대 스타일의 찻잔과 받침에서부터 복고풍의 감청색 꽃병과 작은 연둣빛 유리접시, 진홍빛 꽃병까지 매우 다양하다. 꽃병과 꽃이 서로 완벽한 짝을 이루지는 않지만 선명한 색상과 심플한 구성 때문인지 전체가 하나로 어우러지는 느낌이 든다.

아래쪽 · 코끼리 모양의 용기가 귀엽고도 멋지다. 작은 코끼리에는 고전적인 붉은 장미 세 송이가 단아하게 꽂혀 있고, 큰 코끼리에는 유칼립투스가 선홍색 꽃술의 깍지와 가느다란 나뭇잎이 헝클어진 모습 그대로 꽂혀 있다.

다음 페이지 · 나는 색감의 사용과 대칭이 눈에 띄게 두드러지는 이런 이미지를 대단히 좋아한다. 눈부시게 아름다운 밝은 오렌지빛 달리아들이 완벽한 반구형의 꽃다발 형태로 묶여 복고풍의 호피 무늬가 찍힌 꽃병에 꽂혀 있다. 이 꽃 장식은 낡은 극장의 좌석을 연상시키는, 1930년대 스타일의 두 의자 사이에 관심을 한몸에 받으며 위풍당당하게 놓여 있다. 그 뒤쪽의 웅장하고 수려한 창문의 위치로 말하자면 이만큼 완벽할 수는 없을 것 같다.

아래쪽 · 오른쪽 · 초콜릿 코스모스Chocolate Cosmos도 내가 항상 좋아하는 꽃 가운데 하나이다. 붉은 기운이 매혹적일 정도로 짙어 거의 검정색에 가까워 보인다. 초콜릿 코스모스라는 이름이 붙은 이유는 색상은 물론 그 향기 때문이기도 하다. 이 여린 꽃은 수명도 길지 않고 구하기도 매우 어렵지만 진귀하고 연약한 특성 때문에 더욱 특별하게 느껴진다. 나는 나뭇잎이나 특별한 장식도 전혀 없이 심플한 검정 유리 꽃병에 꽃만 성기게 꽂아두었다. 누구나 관심을 가질 만한 이 꽃을 실컷 볼 수 있도록 하기 위해서이다.

오른쪽 · 놀라운 조형미를 자랑하는 글로브 아티초크Globe Artichokes는 사실 식용이 가능한 꽃이다. 실제로 글로브 아티초크를 요리해서 먹는 경우는 거의 없지만, 줄기를 길게 다듬어 꽃병에 꽂아놓으면 드라마틱하고 조각 같은 모습이나 꽃 가운데 매혹적으로 빛나는 보랏빛을 제대로 감상할 수 있다. 이 꽃은 머리가 매우 무겁기 때문에 무거운 꽃을 잘 지탱하도록 아래가 묵직하고 목이 좁은 꽃병이라면 적절한 조합이 될 것이다.

왼쪽 · 나는 1970년대 분위기와 현대적인 스타일이 결합된 이와 같은 단색의 용기를 좋아한다. 여기 꽂혀 있는 칼라는 보랏빛이 짙어 거의 검정에 가깝고 약간 모던한 느낌도 든다. 이 작품을 보면 알 수 있듯 꽃병을 항상 꽃으로 가득 채울 필요는 없다. 꽃병 내 위치와 구도를 잘 잡아주는 것만으로도 큰 효과를 볼 수 있다.

오른쪽 · 이 작은 수국의 경이로운 색조를 마음껏 즐겨보라. 틀림없이 경외감에 숨이 막힐 것이다. 보랏빛 꽃잎의 가운데는 강청색으로 빛나고, 중심에서 가장자리로 이어지는 푸르스름한 줄무늬는 불그레한 빛으로 번지며 몽환적인 느낌을 남긴다. 뒤쪽에는 펜과 연필이 흐릿하게 보이고, 수국은 흑백의 귀여운 자기 연필꽂이에 담겨 있다. 수국의 독특한 매력을 완벽하게 담아주는 용기가 아닐 수 없다.

왼쪽 · 연분홍 스노우베리Snowberry와 스위트 아발란쉐 로즈Sweet Avalanche Rose, 꽃봉오리가 열린 회록색 유칼립투스가 옹기종기 모여 있는 파스텔 톤의 꽃병에 드문드문 꽂혀 있다. 사진 속에서 꽃은 전부 합해도 몇 송이밖에 안 될 정도로 아주 최소한으로 사용되었다. 꽃보다는 꽃병을 볼거리로 삼고 싶었기 때문이다. 겨우 세 가지 파스텔 톤의 꽃과 꽃병만 사용했는데도 그 시각적 효과는 대단했다.

다음 페이지 · 새로운 꽃이 끊임없이 개발되고 있는 덕분에 유행과 실내장식의 색상 흐름을 쉽게 따라갈 수 있다는 사실이 놀랍기만 하다. 이 산호색 델피니움이야말로 이 점을 잘 보여주고 있는 예이다. 이것은 아주 최근에 나온 품종으로, 꽃 가운데에서는 보기 드문 색상이다. 게다가 이 꽃 장식을 보면 검정 색상의 용도가 얼마나 다양한지 알 수 있다. 간편하게 파스텔 색상의 꽃병을 사용할 수도 있었겠지만, 검정 색상이 잘 보여주고 있듯 밝고 어두운 빛깔을 잘 배합하면 이런 멋진 결과를 낳을 수 있다.

03
KITCHENS AND DINING SPACES

주방과
식사 공간

주방이 과연 꽃으로 꾸미기에 적당한
장소일까 의아한 생각이 들 수 있다.
하지만 이곳을 자신이 좋아하는
것들로 채우고 그래서 행복해질 수
있다면 만족스러운 일 아니겠는가?

주방과 식사 공간
Kitchens and Dining Spaces

주방은 따뜻하고 아늑하고 가장 편안한 곳이기에 집안에서 가장 좋아하는 공간이다. 이를테면 요리는 삶에 큰 기쁨을 가져다주는 일이다. 함께 앉아 정성껏 마련한 음식을 먹으며 식구들이 대화를 나눌 수도 있고, 다정한 얼굴들을 집으로 초대할 수도 있기 때문이다.

주방을 장식하기 위해 그리 많은 꽃이 필요한 것은 아니며, 박수갈채를 받을 만한 꽃꽂이 기술이 필요한 것도 아니다. 대신 매일 즐길 수 있는 심플하고 검소한 꽃으로 주방을 채워주면 된다.

주방 장식용 꽃을 준비할 때는 편안하고 일상적인 소재를 고르면 적당하다. 주방은 기본적으로 꽃 전시를 위한 공간이 아니므로 어차피 대단한 꽃 장식을 기대하는 사람은 없다. 게다가 꽃뿐만 아니라 과일이나 열매 등으로 얼마든지 재량을 발휘할 수 있는 곳이다. 로즈힙Rosehip들장미 열매이나 칠리 페퍼도 좋고, 솜털 같은 재미있는 질감의 아티초크를 커다란 볼에 담아내도 좋다.

구태여 꽃을 구입할 필요도 없다. 집에 정원이 있다면 정원에 핀 꽃이나 잎사귀, 꽃봉오리가 맺힌 가지 등을 그대로 꺾어 가져오면 된다. 치렁치렁 감기는 아이비는 기다란 테이블을 장식하는 데 이용할 수 있고, 꽃이 핀 사과나무 가지는 키다리 꽃병에 꽂아두면 아주 인상적이다.

아이디어를 떠올리게 할 만한 용기를 골라 사용해보는 것도 재미있다. 식기장에서 차통이나 커피포트 같은 별난 주방용품을 찾아보거나 유리 단지나 우유병을 깨끗이 닦아 재사용할 수도 있다. 법랑 주전자는 튤립 다발을 꽂기에 안성맞춤이며, 스위트 윌리엄은 아이스크림을 담는 화려한 유리그릇에 둥근 천장 모양으로 담아볼 수 있다.

가운데가 거무스름한 눈 모양을 닮은 아네모네Anemones나 부드러운 동백꽃Camelia 한 송이에는 빈티지한 커피 깡통이 이상적이다. 심지어 젤리 틀이나 구리 냄비도 화기로 둔갑해 송이가 작은 장미들로 채워진다. 혹시 꽃꽂이를 하다 꽃대를 부러뜨렸다면 작은 유리잔에 담아 싱크대 옆에 놓아두자. 설거지 하는 동안 잠깐씩 바라보며 아름다움에 취할 수 있을 것이다.

주방에서 꽃 장식을 올려놓기에 적합한 곳은 테이블 위이다. 테이블은 가능하면 심플해야 한다. 길쭉한 테이블이라면 길이를 따라 한 줄로 작은 꽃 장식들을 놔둘 수 있고, 둥근 테이블이라면 중앙 장식이 잘 어울린다. 하지만 모두 키를 높게 하지 않도록 주의해야 한다. 저녁식사 시간의 담소를 방해할 수 있기 때문이다.

찬장이나 식기대도 꽃을 놓을 자리로 활용이 가능하다. 작은 장식은 바로 곁에서 감상할 수 있도록 식기 선반 위 또는 요리책과 와인 선반이 있는 조리대 위에 두면 적당하다.

요즘에는 주방과 분리해 식사 공간을 따로 마련하는 경우가 전보다 줄었지만 만약 그런 공간이 있다면 반드시 꽃이 등장해주어야 한다. 예쁜 꽃 장식 덕분에 식탁에는 활기가 돌 것이고 손님들도 즐거울 것이다. 하지만 오아시스를 사용한 부자연스러운 테이블 센터피스Table Centerpiece식탁의 중앙 장식를 배치하던 시절은 지났다. 대신에 편안하고 모던한 느낌의 꽃을 반짝거리는 양초 사이사이에 놓아보자.

긴 테이블이라면 장식 몇 가지를 간격을 두고 일렬로 배치하면 좋다. 혹은 같은 모양의 꽃병 세 개에 종류가 다른 하얀 꽃을 키 작은 다발로 만들어 꽂아보자. 그렇지 않으면 유리병이나 유리 항아리를 골라 같은 꽃을 한 송이씩 꽂은 다음 조금씩 엇갈리게 놓아도 재미있다. 하지만 향기가 강한 꽃은 무조건 피해야 한다. 누구든지 음식을 먹을 때 진한 향기를 좋아하기는 힘들 것이다.

아래쪽 · 황금빛 맨드라미와 불꽃이 일렁이는 듯한 레우코스페르뭄Leucospermum, 분홍빛 글로리오사 릴리Gloriosa Lily가란 여름철 파티에 완벽한 테이블 센터피스를 이루고 있다.

오른쪽 · 붉은 프로테아Protea와 덴드로비움 난초가 어두운 구석에 생기를 부여하고 있다. 1970년대 스타일의 이 재미있는 자기 물병 역시 꽃병 대용으로 지나칠 수 없는 소재이다.

왼쪽 · 꽃과 마찬가지로 과일에도 제철이 있다. 석류가 열리는 철이면 나는 가능하면 자주 석류를 가져다 집안에 진열한다. 눈길을 사로잡는 진홍빛 껍질과 보석처럼 빛나는 선홍색 씨앗들이 그 자체로 하나의 작품이 된다. 커다란 나무 바구니에 가득 담긴 석류를 보면, 성공적인 디자인에 꽃이 유일한 재료가 아니라는 사실을 알 수 있다. 무엇이든 색상과 질감을 살려 새로운 시도를 해보려는 자세가 중요하다.

오른쪽 · 감탄이 절로 나오는 이 말루스Malus꽃사과 줄기는 크고 높은 유리 꽃병에 담겨 약간 과장되어 보인다. 작고 붉은 관상용 사과들이 줄기를 따라 빽빽하게 송이를 이루며 매달려 있다. 제아무리 주방이라 하더라도, 사과를 꽃병에 놓아두면 먹기 위한 것이라기보다는 장식용이라는 사실을 분명히 드러내는 것이다. 줄기에 매달려 있는 사과는 좀 비싸기는 하지만 몇 주 정도는 거뜬히 생기를 유지하는 데다, 가을이 왔음을 알리는 가장 확실한 방법이므로 그만한 가치가 있다.

오른쪽· 나는 아무것도 놓이지 않은 주방 테이블을 바라보고 싶지 않다. 친구나 가족이 와야 한다고, 풍성한 음식이나 마실 것이 있어야겠다고, 그리고 꽃이 있으면 좋겠다고 테이블이 간절히 원하는 것 같다. 이 아늑한 주방에는 질감이 다른 하얗고 붉은 용기와 꽃이 테이블을 가득 채우고 있다. 하얀색과 붉은색으로 이루어진 산뜻한 체크무늬 테이블보를 그대로 흉내 낸 듯하다. 덕분에 주방은 생기가 넘치고 호기심도 불러일으킨다. 작은 주전자들과 커다란 장식용 깡통에는 여러 가지 꽃과 열매가 꽂혀 있다. 선홍색으로 물들인 커다랗고 솜털 같은 프로테아와 진홍빛의 여린 네리네Nerine 한 다발, 윤기 있는 들장미 열매가 보이고, 반짝거리는 칠리 페퍼가 긴 줄기에 주렁주렁 열려 있다.

다음 페이지· 아직 터지지 않은 알리움 씨앗주머니를 보는 사람은 누구나 조각 같은 외양에 도취될 것이다. 강렬한 라임색은 주방의 검정 벽을 배경으로 도드라져 보이며, 둥글납작한 주머니와 미끈한 줄기의 탄력 있고 부드러운 표면은 도마의 거친 나뭇결이나 울퉁불퉁한 꽃병과 극적으로 대비되어 돋보인다. 알리움은 양파속㎖ 식물로서, 주방을 꾸미는 데에는 제격이 아닐 수 없다.

왼쪽 · 철사로 얼기설기 엮은 바구니에 아티초크가 가득 담겨 있다. 성긴 망 사이로 아티초크의 재미있는 형태와 초록이 섞인 은은한 자줏빛을 제대로 감상할 수 있다. 꽃 장식을 할 때면 흔히 그렇듯, 소박한 재료를 풍성하게 사용하는 것이 값비싼 식물을 소량 활용하는 것보다 더 큰 효과를 발휘한다.

위쪽 · 섬세한 엽상체가 달린 딜Dill과 아직 익지 않은 블랙베리Blackberry 줄기들이 선반에 진열되어 있다. 식용이 아닌 장식용으로, 주방에 그런대로 잘 어울리는 편이다.

다음 페이지 · 하얀 색조의 꽃들이 빈티지한 느낌의 유리병을 장식하고 있다. 소용돌이 모양의 베로니카Veronica와 크림처럼 흰 아스틸베Astilbe노루오줌, 데이지꽃처럼 하얀 아스트란티아Astrantia가 정원에서 가져온, 뒷면이 은색인 세네키오 잎사귀들과 섞여 있다. 하얗게 칠한 식기장 위에서 여름 꽃들이 함께 만들어내는 그림이 산뜻한 풍경화 같다.

아래쪽 · 폼폰 소국이 잡화점에서 구입한 낡고 허름한 법랑 커피통 밖으로 고개를 내밀고 있다. 꽃을 빽빽하게 모은 구성은 꽤 모던한 느낌인 데 반해 용기는 세월이 많이 흐른 듯한 모습이다. 낡은 것과 새로운 것이 꽤 만족스럽게 조화를 이룬다.

다음 페이지 · 작고 익살스러운 펭귄 모양 주전자는 미소를 짓게 만들고 주방에 재미를 더해준다. 펭귄들은 마치 담소를 나누기 위해 모여 있는 것처럼 보이고, 모두 등에 식물을 하나씩 지고 있다. 이 식물들은 공기 중의 수분을 양분으로 살아가기 때문에 덥고 습한 주방 환경에서도 매우 잘 견딘다.

아래쪽 · 고전적인 느낌의 커피세트에 재미있는 변화를 시도해보았다. 설탕 그릇에 수북이 담긴 에키놉스Echinops공꽃 송이는 매우 귀여워 보이지만 설탕 만큼 달콤하지는 않다. 가시로 뒤덮여 있어 만지면 아주 따갑기 때문이다. 뒤쪽의 하얀 영경퀴Thistle는 뜨거운 커피에서 모락모락 올라오는 김처럼 커피포트 밖으로 고개를 쑥 내밀고 있다. 이 기발한 생각은 다른 장식에서 사용되고도 살아남은 꽃이나 규모가 큰 장식에는 썩 어울리지 않는 꽃을 활용할 방법이 없을까 고민하던 중 떠올랐다.

오른쪽 · 순백의 몽블랑 아마릴리스Mont Blanc Amaryllis는 가운데 초록 부분이 거의 야광처럼 빛나며 놀라운 매력을 발산한다. 여기서 나는 주변 분위기와 유사한 현대적인 느낌을 주도록 아마릴리스를 두 층으로 쌓아 올렸다. 이런 구도는 녹색의 매끈한 줄기와 순백의 커다란 꽃을 자세히 감상하는 데 도움이 된다. 이 디자인은 따라 하기에 쉬울 뿐만 아니라 보는 이들도 눈길을 주지 않을 수 없을 정도로 흡인력이 강하다. 틀림없이 화젯거리가 될 만한 작품이다.

위쪽 · 이 작품은 화기나 구도 면에서 매우 전통적인 느낌을 준다. 가끔 반구 형태로 꽃을 촘촘하게 담아서 이런 디자인을 재현해보고 싶을 때가 있다. 여기서는 활짝 핀 커다란 백장미와 이보다 꽃봉오리가 작은 백색 미니장미, 밝은 감청색의 히아신스, 어린 아스트란티아를 조합해 완성했다. 다만 호화로운 꽃을 빼곡하게 꽂아야 하기 때문에 비용이 많이 들어갈 것이므로 특별한 상차림에 필요한 화려한 센터피스용으로만 사용할 것을 권장한다.

오른쪽 · 스카비오사Scabiosa손체꽃는 한때 내가 아주 좋아하던 꽃이었다. 부서질 듯 연약한 꽃잎이 믿기지 않을 정도로 섬세한 모양을 보여주는 꽃이다. 당시는 내가 이 일을 처음 시작하던 때였고, 지금처럼 꽃을 선택할 수 있는 재량권이 많지 않던 시절이었다. 하지만 지금도 나는 해마다 스카비오사가 피는 시기가 오면 이 꽃을 보며 미소를 머금지 않을 수 없다. 스카비오사를 향한 과거의 애정이 떠오를 때면 언제나 하루 종일 바라볼 수 있도록 집으로 한 다발 사 들고 들어온다.

이전 페이지 · 파랑과 보라, 선홍색의 여름 꽃들이 테이블 중심을 가득 채우고 있다. 향기로운 델피니움과 스톡, 작약, 장미가 고전적인 구도로 장식되어 있다. 모두 내가 좋아하는 꽃으로 오래된 시골 정원에서 온 것들이다. 이 장식에는 꽃이 자리를 잘 잡고 오랫동안 생기를 유지하도록 오아시스를 사용했으므로, 꽃과 오아시스가 수분을 보유할 수 있게 매일 물을 보충해줄 필요가 있다. 여름철 파티에 이상적인 장식으로, 음식과 와인을 준비하고 손님을 초대한다면 더욱 풍성해질 것이다.

왼쪽 · 오른쪽 · 사진 속에 다채로운 무지개 빛깔이 유난히 밝고 화사하게 드러나 있다. 작은 꽃병마다 비슷한 색상이나 색조를 띤 꽃들이 작은 다발을 이루며 꽂혀 있다. 제일 눈에 띄는 유리잔에는 보랏빛 달리아와 수국, 향기로운 스톡, 스타티스가 어우러져 있고 서벗 같은 빛깔의 노란 수국과 달리아, 산딸기 빛깔의 분홍 달리아와 수국과 아스클레피아스Asclepias금관화, 군침이 도는 오렌지 빛깔의 미니 장미와 아스클레피아스, 짙은 자홍색의 아스클레피아스와 셀로시아와 스톡이 있다.

위쪽 · 마시멜로 같은 연분홍의 킹 프로테아King Proteas가 플라스틱 물병을 닮은 유리 꽃병에 우뚝 서 있다. 프로테아는 엄청난 열기 속에서도 자랄 정도로 강인한 꽃이므로 절화의 수명도 몇 주나 된다. 꽃 안쪽의 둥근 부분은 거의 벨벳 같은 느낌이 들 만큼 부드럽다. 프로테아는 꽃이 크고 무거운 편이므로 쉽게 넘어지지 않도록 아래가 묵직한 꽃병에 꽂아두어야 한다.

오른쪽 · 멋진 자줏빛이 감도는 분홍의 겹꽃 튤립Double Tulip이 봉오리를 오므린 채 주전자 가득 담겨 있다. 내가 튤립에 끌린 이유는 물속에서도 계속 자라 꽃병 속에서 조금씩 모양과 크기, 색깔을 바꾸기 때문이다. 사진 속의 튤립은 꽤 짙은 색조를 띠고 있지만 꽃봉오리가 벌어지면 라일락처럼 연한 빛깔로 변할 것이다. 튤립은 물을 많이 먹으므로 꽃병 가득 물을 채워주어야 하고 줄기를 계속 잘라주어야 처음의 꽃꽂이 모양을 유지할 수 있다.

아래쪽 · 이 디자인은 겨울 같은 느낌을 주므로 크리스마스 장식으로 꾸며도 적당할 것 같다. 양초 주변에 쌓아놓은 스패니시 모스Spanish Moss수염 틸란드시아의 은회색 톤이 무척 마음에 든다. 만져보면 매혹적일 정도로 부드러울 뿐만 아니라 여러 가지 모양으로 쉽게 변화를 줄 수 있다. 스패니시 모스 위에 놓인 크리스마스 트리용 은색 그물 장식이 희미한 빛을 던지며 은회색 바탕에 신비한 아름다움을 더해준다.

오른쪽 · 하얀 색조의 말린 후추 열매 줄기들이 단지 모양의 꽃병 가장자리 사방으로 떨어져 내린다. 후추 열매는 매끄러운 흰색 도자기와 비교되어 전혀 하얘 보이지 않고 암갈색 톤으로 비쳐진다. 정말 그림 같은 꽃 장식이다. 마치 정물화를 보고 있는 듯한 기분이다.

다음 페이지 · 금빛으로 반짝거리는 차 세트가 단순한 모양의 정원 돌탁자 위에서 어울리지 않는 듯 위용을 드러내고 있다. 흔히 그렇듯 사기그릇을 찬장 가득 모셔놓고 가끔 특별한 일이 있어야 한 번씩 꺼내놓게 되는데, 그중에서도 특히 이 차 세트는 찬장 뒤에서 더 오래 머무르는 물건이다. 하지만 이제는 감탄이 절로 나오는 이 훌륭한 아이템을 더 자주 선보여야 할 것 같다. 여기 사용된 연분홍 장미의 고풍스러운 느낌은 고전적인 분위기를 자아내는 차 세트와 어딘지 닮아 있다. 이 장미는 꽤 오랫동안 생명을 유지할 뿐만 아니라 깊이가 제각기 다른, 넉넉한 크기의 용기와도 적절한 균형과 조화를 이루고 있다.

04
BEDROOMS AND BATHROOMS

침실과
욕실:

아침에 일어났을 때 신선한 꽃이
눈앞에 있고 그 아름다움에 빠질
수 있다면 얼마나 즐거운 하루가
되겠는가.
꽃꽂이는 단지 남에게 보여주기
위해 하는 일만은 아니다.
집안에서 가장 사적인 공간도
꽃으로 꾸며준다면 여유와 행복을
누리며 생활할 수 있다.

침실과 욕실
BEDROOMS AND BATHROOMS

우리는 현관과 거실을 꽃으로 장식하는 일에는 익숙해 있으면서도 침실에 꽃을 둔다는 생각은 거의 하지 못한다. 대단히 애석한 일이다. 비록 작은 꽃다발이라도 침대 옆 탁자나 화장대 위에 꽂아놓으면 아주 가까이에서 꽃의 아름다움을 맘껏 즐길 수 있을 텐데 말이다.

꽃을 담는 용기를 통해서도 즐거움을 찾을 수 있다. 이런 개인적인 장소에는 설탕을 입힌 아몬드처럼 은은한 색조의 앙증맞은 꽃병이나 빈티지한 스타일의 납작한 유리 제품이 어울릴 것 같다. 하지만 누구에게는 하찮은 물건도 다른 누구에게는 보석 같은 물건이 될 수 있으니 자신의 취향에 맞게 고르면 된다.

침실을 위한 꽃은 매혹적이면서도 부드러워야 한다고 생각한다. 그래서 이런 특성을 반영하는 꽃을 고르려고 늘 애쓴다. 낭만적이고 여성스러운 꽃을 갈망하는 마음이 움직이는 대로 화려한 장미나 깃털 같은 아스틸베, 라넌큘러스Ranunculus미나리아재비, 스위트 윌리엄, 은방울꽃 등을 골라보자.

화장대 위에는 붉은 가든 로즈를 볼에 가득 꽂아두고, 침대 옆 탁자에는 자그마한 꽃병에 보석 같고 여린 무스카리Muscari를 꽂아 감상할 수 있다. 묘한 매력을 가진 스위트피와 바이올렛Violet제비꽃처럼 내가 오랜 세월 변함없이 사랑해온 꽃들도 이곳에 어울릴 듯하니 잘 기억해두자.

친구나 친지가 하룻밤 묵을 때면 손님방을 꽃으로 꾸며주면 좋다. 화사한 꽃들이 머무르는 손님을 편안하고 따뜻하게 맞이해줄 것이다. 인상적으로 보이게 하려고 무조건 큰 꽃 장식을 만들 필요는 없다. 침대 옆 탁자 위에 놓아 방 전체와 자연스러운 조화를 이룬다면 예쁜 유리잔에 담긴 수국 한 송이라도 훨씬 매력적일 것이다. 그밖에 호화로운 호텔 분위기를 내보고 싶다면 고급 잡지들을 몇 권 올려놓고 물병과 유리컵을 준비해두자.

여성스러운 꽃이 자신의 취향이 아니거나 남자 손님을 대접해야 한다면 난초를 선택하면 좋다. 지나치게 여성스럽거나 소녀 같은 취향을 드러내지 않으면서 품격과 조형미를 갖추고 싶을 때도 난초가 적당하다. 아니면 솜털 같은 꽃잎이 무성한 프로테아를 고려해보자. 요즘 내가 좋아하는 꽃 목록에 들어 있는 프로테아는 어떤 구성에 놓아도 드라마틱하고 독특한 분위기를 연출할 것이다.

늘 하는 생각이지만 욕실이야말로 히아신스나 수선화처럼 향기가 진한 꽃을 사용하기에 완벽한 장소이다. 손님방 욕실에 꽃과 함께 향기로운 양초를 놔두면 고급 휴양시설 같은 효과를 발휘하면서 손님들도 쾌적하고 편안한 느낌을 받을 것이다.

나는 욕실에 이국적인 꽃을 자주 사용한다. 강렬하고 선명한 색상이 하얀 위생도기나 타일과 멋진 대비를 이루기 때문이다. 예를 들면 글로리오사 릴리나 글라디올러스 한 묶음, 오렌지색 아니고잔투스Anigozanthos캥거루 발톱 등이 좋다.

욕실은 화분에 심은 식물이 자라는 데에도 적합한 환경을 제공한다. 난초처럼 습기를 좋아하는 식물을 골라보자. 진한 향기를 즐기는 사람이라면 따뜻하고 습도가 높은 곳에서 잘 자라는 치자나무 꽃이나 스테파노티스Stephanotis를 선택하면 좋을 것이다. 크라슐라Crassula나 장미 문양 리본장식을 닮은 셈페르비붐Sempervivum, 에셰베리아Echeveria 등 어디에서나 잘 자라는 장식용 다육식물은 그 종류도 엄청나게 다양하다. 실내용 화초에 필요한 안정적인 환경을 유지하느라 애를 먹고 있다면 욕실로 옮겨보는 것도 좋은 대안이다. 화초들이 습기가 많은 환경에서 무성하게 자란다는 사실을 깨닫게 될 것이다.

파티를 열 예정이라면 꽃 장식이 필요한 곳은 현관과 거실 외에도 많다. 손님용 욕실에 작은 꽃다발을 마련하는 것을 잊지 말자. 특히 향기가 진할수록 좋고, 버드 꽃병에 꽃 한 송이만 꽂아놓아도 깅릴한 인상을 남길 수 있다. 손 닦는 수건을 여유 있게 준비하고 향기로운 양초로 깔끔하게 마무리한다.

위쪽 · 오른쪽 · 침실에는 여성스러운 분위기가 잘 어울린다. 베로니카(위)와 라넌큘러스(오른쪽)를 사용한 두 작품은 여성스러움을 완벽하게 살려준 사례이다. 베로니카는 예쁘고 우아하기 때문에 침실용 장식에 적당할 뿐만 아니라 저렴하면서도 수명이 길다. 봄철에 피는 라넌큘러스를 보면 종잇장처럼 얇은 꽃잎이 하늘거리며 촘촘하게 감싸여 있는 섬세한 구조에 감탄하지 않을 수 없다.

다음 페이지 왼쪽 · 깃털처럼 가볍고 부드러운 아스틸베는 한없이 연약해 보이지만 실제로는 꽤 강인해서 수명이 일주일이 넘는다. 아스틸베를 한 아름 준비하면서 줄기에 붙은 잎을 떼지 않고 그대로 사용해 풍성한 느낌이 들도록 했다. 이 꽃은 수면을 방해할 만한 향이 없기 때문에 침실 장식용으로 아주 적당하다.

다음 페이지 오른쪽 · 특별한 명칭이 따로 없는 자리공Phytolacca 열매의 모습이 신비롭다. 윤기가 흐르는 연녹색 열매들 사이로 뻗은 연분홍 줄기를 보라. 그 색과 질감이 재미있으면서도 매혹적이다. 자리공 열매는 날것일 때 독성이 매우 강하므로, 이국적인 색감이 주는 유혹에 저항하지 못하는 애완동물이나 호기심이 많은 어린아이가 있는 곳에는 사용을 자제해야 한다.

왼쪽 · 델피니움 하면 여러 가지 파란 색조를 떠올리기 쉽다. 하지만 몽환적인 느낌을 주는 이 연보라색 델피니움은 우리가 보통 알고 있는 종류와는 조금 다르다. 진한 보랏빛에서 연한 라벤더 빛깔로 개량된 종이기 때문이다. 최근 몇 년 사이에 원예가들은 새롭고 흥미로운 색상과 모양, 길이로 다변화된 델피니움을 개발했다. 사진 속의 꽃은 꽃잎의 수가 보통 종보다 두 배는 무성한 겹꽃 품종이므로 당연히 풍성함도 두 배이다. 델피니움을 이용한 장식에서는 별다른 기교를 부리거나 소품을 이용할 필요가 없다. 전원 속에서나 볼 수 있는 소박하고 분방한 스타일에는 심플한 디자인이 적당하기 때문이다. 여기서 나는 깔끔한 느낌을 전하기 위해 줄기의 키도 고르게 조절했다.

오른쪽 · 벨벳 같은 프로테아의 커다란 꽃송이가 부드럽게 빛나는 키 큰 잎사귀, 볼록한 검은색 꽃병의 반들반들한 광채와 아름다운 대조를 이루고 있다. 나는 이런 대비되는 질감을 활용한 디자인을 좋아한다. 전반적으로 강렬하고 현대적인 인상은 옆에 놓인 해묵은 악세서리 박스들 덕에 더욱 극적으로 느껴진다. 새것과 헌 것이 완벽하게 어우러지는 모습이 감동적이다.

위쪽·오른쪽 · 나는 풍미가 강한 연녹색의 여름 꽃들로 꾸민 이런 풍성한 디자인을 아주 좋아한다. 여러 층으로 구성된 이 꽃 장식의 맨 꼭대기에는 오래전부터 좋아해 오던 모루셀라Molucella가 자리를 잡고 있다. 가운데에는 정원에서 볼 수 있는 아름드리 관목인 겔더 로즈Guelder Rose불두화나무의 우거진 줄기와 함께 연녹색의 귀여운 꽃들이 모여 이룬 커다란 방울모양 통꽃들이 배치되어 있다. 맨 아래에는 언제나 사람들의 관심을 한몸에 받는 수국이 넓은 깃 모양으로 둘러쳐져 있다. 이 연녹색 수국은 최근에 나온 품종으로, 뾰족한 원추형 모양으로 생긴 작은 꽃잎 하나하나가 모여 풍성하고 멋진 그림을 이룬다.

다음 페이지 · 키가 훤칠한 이 장식은 조금은 모던한 분위기의 침실에 깊은 인상을 심어준다. 홀쭉한 라일락 가지는 조형미와 자연스러운 아름다움을 풍기며 어느 장소에서나 영구적인 장식품으로 사용될 수 있으며, 가지에 몇 가지 꽃만 덧붙이면 쉽게 다른 분위기를 연출할 수 있을 것이다. 여기서는 호접란Moth Orchid으로 알려진 멋진 팔레놉시스Phalaenopsis 난초 두 줄기가 가미되었다. 부드럽고 연한 꽃들은 정말 나뭇가지에서 훨훨 날아오르는 한 무리 나비 같아 보인다.

왼쪽·오른쪽·복고풍의 직사각형 꽃병
색깔은 꽃과 조화를 이루기 어려운 진한
청록색이다. 꽃병과 어울리는 꽃을
찾으려고 애쓰는 대신 차라리 강렬한
개성을 드러내면서 상충하는 여러 가지
꽃들을 골랐다. 여기서 중심이 되는
꽃은 꽃잎 모양이 뾰족뾰족한 호박색
레우코스페르뭄이다. 이 꽃은 인사하는
노딩 핀쿠션Nodding Pincushion이라고도
하는데, 가까이서 자세히 살펴보면
왜 그런 이름이 붙었는지 알 수 있다.
나는 이국적인 느낌의 루코스퍼멈에
연노란색 국화와 불그레한 꽃송이가
맺힌 유칼립투스, 연분홍빛 베로니카,
진분홍빛 천일홍Gomphrena을 덧붙였다.
옆에 보이는 침대 시트의 생생한 문양은
다채로운 색상과 모양의 꽃들을 더욱
강조하는 장식적인 요소가 되고 있다.

왼쪽 · 욕실에는 대담하고 선명한 색채를 입혀주는 것이 좋다. 나는 욕실 바닥의 조약돌처럼 부드럽고 자연스러운 모양을 가진 은은하고 따뜻한 파스텔 톤의 꽃병 세 개를 골랐다. 제일 큰 꽃병에는 불타는 듯한 오렌지 빛깔의 크로코스미아Crocosmia애기범부채가 큼지막하게 한 다발 꽂혀 있다. 가장 작은 어항 모양 꽃병에는 오렌지색과 노란색이 섞인 루코스퍼멈 세 송이가 폭죽이 터지듯 피어올라 있다.

아래쪽 · 하얀 자기 칫솔통이 새롭게 꽃병 용도로 사용되고 있다. 칫솔 대신 선명한 오렌지빛 아스클레피아스 줄기들이 칫솔 구멍마다 하나씩 꽂혀 있다. 구멍에 완벽하게 들어맞는 모양새가 신기할 따름이다. 아스클레피아스의 화사한 색상 덕분에 순백의 공간에 활기가 감돈다.

아래 · 전통적인 모양의 자기 소라껍데기에 하얀 세덤Sedum이 가득 담겨 있다. 아직 꽃봉오리가 단단히 오므라져 있어 어떤 식물인지 제대로 파악하기는 어려울 것이다. 꽃대만 남기고 줄기를 매우 짧게 잘라 촘촘하게 꽂은 탓인지 소라껍데기에 빈틈이 보이지 않는다. 세덤은 생명력이 아주 강해 정원에서 흔히 볼 수 있는 식물이다. 고온 다습한 욕실에서도 몇 주는 버틸 것이다.

오른쪽 · 정원에서 잘라온 하얀 리시마키아Lysimachia좁쌀풀의 가는 줄기는 백조의 하얀 깃털과 흡사한 모습을 하고 있다. 제멋대로이긴 하지만 우아하게 휘어지며 자라는 모습이 인상적이다. 다소 엉성한 느낌이 드는 디자인이지만 욕실 바닥의 하얀 자기 타일을 비롯해 얼기설기 조각보를 입힌 특이한 팔걸이의자, 독특한 개성의 백조와 하나로 어우러지며 생동감이 전해진다. 꽃병 소장 목록에 이런 기이하면서도 아름다운 용기 몇 개쯤 올려둘 필요가 있을 것이다.

위쪽 · 안방에는 구태여 붉은 장미를 사용할 필요가 없다. 붉은 스키미아 줄기 몇 개가 진줏빛이 감도는 자그마한 분홍색 꽃병에 꽂혀 있고, 그 옆에는 분홍빛 자기로 만든 공예품인 아기 사슴 밤비가 의기양양하게 서 있다. 그 모습이 나를 곧장 어린 시절로 데려가준다. 스키미아는 꽃들 가운데에서도 가장 심플한 모양을 하고 있다. 산딸기 열매처럼 생긴 작은 꽃봉오리가 전부이며, 그 모습 그대로 꽤 오랫동안 유지된다. 연녹색 스키미아를 이용할 수도 있겠지만 사진 속 배경에서는 붉은 스키미아가 잘 어울린다.

오른쪽 · 이와 같은 오픈 플랜식벽이나 칸막이가 없거나 적은 구조의 우아한 욕실과 침실에서는 사진 속의 크고 호사스런 장식이 매우 잘 어울리는 편이다. 청회색의 심플한 자기 꽃병에 가득 담겨 있는 것은 이름도 걸맞는 '푸른 여신Green Goddess'의 칼라 릴리Calla Lily로, 파격적인 크기로 만개하여 일주일 이상 지속된다. 칼라 릴리 주변은 그 이름과 같은 순백의 열매가 총총히 열린 스노우베리 가지가 빽빽하게 둘러싸고 있다. 우아하고 풍성한 이미지를 선사하는 대형 장식이 꼭 거실에만 어울리라는 법은 없다.

왼쪽·오른쪽·선녹색 욕실에 자그마한 알로에 베라Aloe Vera에서부터 흔히 돈나무Money Plant로 알려진 커다랗고 잎이 둥그런 크라슐라에 이르기까지 다양한 다육식물이 들어서 있다. 이 식물들은 고무와 금속, 자기 등 여러 재질의 용기에 심어져 있고, 용기들은 모두 자연을 닮은 단순하고 소박한 색조를 띠고 있다. 다육식물은 욕실에서 키우기에 가장 이상적인 식물이다. 공기 중의 수분을 흡수해서 자라므로 물을 많이 줄 필요가 없기 때문이다. 사실 그다지 돌보지 않더라도 번성할 수 있는 식물이다. 다육식물 하나로는 눈길을 끌 수 없겠지만 여러 개 모아놓으면 밀림 같은 극적인 분위기를 만들 수 있다. 이왕 다육식물을 들여놓기로 마음먹었다면 대량 구매하여 풍성한 볼거리를 만들어보자.

왼쪽 · 봄철에 개화하는 수선화 역시 향기가 탁월해 욕실 장식에 안성맞춤이다. 수선화는 색상도 순수하고 디자인도 소박하지만 작은 크기와는 전혀 어울리지 않게 매우 강렬하고 기분 좋은 향기를 풍긴다. 비록 여리긴 하지만 늦은 겨울과 이른 봄에 느끼는 스산한 기운을 달래주는 데에는 수선화만한 꽃이 없다. 그래서 나는 이 꽃을 사랑한다.

오른쪽 · 하얀 스톡은 천상의 향기를 뿜는 매우 특별한 꽃이다. 한때 스톡은 여름철에만 구할 수 있었으나 요즘에는 기술이 발달해 1년 내내 언제라도 쉽게 구입할 수 있으며, 색상도 진보라에서부터 연보라에 이르기까지 매우 다양하게 감상할 수 있다. 나는 이 소박한 욕실을 모두 눈처럼 새하얀 빛깔로 꾸며보았다. 아연 합금의 대형 우유통을 준비해 스톡을 한 아름 꽂았다. 이 용기는 실용적인 느낌을 주며 시대를 초월한 디자인이 심플하지만 매력적이다. 욕실에 퍼지는 스톡의 달콤하고 향긋한 냄새를 맡으며 거품이 가득한 욕조에서 휴식을 취하는 기분이 어떨지 쉽게 상상이 간다.

참고물품 출처 __영국

Alfies Antiques Market
13-25 Church Street
London NW8 8DT
020 7723 6066
www.alfiesantiques.com
독특하면서도 고전적인 유리와 도자기 제품을 포함해 소장할 만한 물건들을 광범위하게 보유하고 있다.

Atelier Abigail Ahern
137 Upper Street
London N1 1QP
Or shop online at
www.atelierabigailahern.com
미국인 디자이너 조나단 애들러Jonathan Adler가 제작한 꽃병을 비롯해 다양하고 세련된 가구와 장식품들을 갖추고 있다.

Bodie and Fou
www.bodieandfou.com
고무로 만든 꽃병들과 '현명한 올빼미Wise owl' 문양의 흰색 자기 꽃병 같은 재미있고 창의적인 용기들을 구할 수 있다.

Bodo Sperlein
Unit 1.05 OXO Tower Wharf
Barge House Street
London SE1 9PH
020 7633 9413
www.bodosperlein.com
아름답고 신비로운 느낌의 자기 제품들이 많다. 주문 예약 필수.

Brissi
196 Westbourne Grove
London W11 2RH
020 7727 2159
www.brissi.co.uk
예쁜 유리 제품과 윤기 있는 자기 꽃병들이 구비되어 있다.

The Conran Shop
Michelin House
81 Fulham Road
London SW3 6RD
020 7589 7401
www.conran.co.uk
다양한 모양과 크기의 투명 유리 꽃병과 퍼스팩스투명 아크릴 수지로 만든 독특한 모양의 용기, 커다란 도자기 등 첨단 디자인 제품들을 볼 수 있다.

Debenhams
www.debenhams.com
데븐햄즈Debenhams 계열 디자이너들의 작품 일부인 제인 패커 라인의 꽃병을 구입할 수 있다.

Design Nation
020 7320 2895
www.designnation.co.uk
이 웹사이트는 영국의 디자인을 홍보하고, 젊은 도예가들과 유리 디자이너들의 작품을 소개하는 데 주력한다.

Designers Guild
267-277 Kings Road
London SW3 5EN
020 7351 5775
www.designersguild.com
장식용 꽃병과 수제 도자기 제품, 식기류 등을 갖추고 있다.

Graham & Green
4 Elgin Crescent
London W11 2HX
020 7243 8908
www.grahamandgreen.co.uk
고상하고 고풍스러운 스타일부터 세련되고 현대적인 스타일까지 다양한 꽃병과 화기를 볼 수 있다.

Habitat
196-199 Tottenham Court Road
London W1T 7LG
Call 08444 991122
www.habitat.co.uk
품질이 우수하고 유행을 선도하는 꽃병들을 보유하고 있다.

Heal's
196 Tottenham Court Road
London W1T 7LQ
020 7636 1666
www.heals.co.uk
고상하면서도 현대적인 스타일의 제품이 많다.

IKEA
www.ikea.com
저렴하면서도 만족스러운 꽃병들을 구할 수 있는 곳. 유명 디자이너 제품에 버금가는 꽃병을 발견할 때도 있다.

Jane Packer Flowers
32-34 New Cavendish Street
London W1G 8UE
020 7935 0787
www.jane-packer.co.uk
아름다운 꽃과 부케 기성품을 판매할 뿐만 아니라 흥미롭고 특이한 꽃병과 화기를 세심하게 선별해 구비하고 있다. 이곳에 오면 꽃꽂이에 관한 제인 패커의 개인적 취향과 독특한 해석을 반영해주는 새로운 자기 제품을 만날 수 있고, 향기로운 양초를 포함해 그녀가 수집한 여러 방향제도 구입할 수 있다.

John Lewis
300 Oxford Street
London W1A 1EX
020 7629 7711
www.johnlewis.com
적당한 가격의 유리와 자기 꽃병, 각양각색의 유리 제품과 용기를 구할 수 있다.

Liberty
Regent Street
London W1B 5AH
020 7734 1234
www.liberty.co.uk
아름다운 수제품들을 보유하고 있는 곳.

Nicole Farhi Home
17 Clifford Street
London W1S 3RG
020 7494 9051
www.nicolefarhi.com
정교하고 우아한 자기 제품을 보유하고 있는 곳.

Scabetti
www.scabetti.co.uk
도미니크Dominic와 프란시스Frances 브롬리Bromley가 디자인한 특이한 제품들이 있다.

Selfridges Et Co
400 Oxford Street
London W1A 1AB
빈티지한 느낌의 우유병에서부터 다팅턴 아트Dartington Art 유리 제품에 이르기까지 각종 유리 꽃병들을 볼 수 있다.

Skandium
86 Marylebone High Street
London W1U 4QS
020 7935 2077
www.skandium.com
스칸디나비아 유명 제조업체들의 꽃병을 구비하고 있으며, 선이 깔끔한 스칸디나비아의 미학적 특질을 엿볼 수 있다.

참고물품 출처__미국

Vessel
114 Kensington Park Road
London W11 2PW
020 7727 8001
www.vesselgallery.com
이 시대 최고의 유리와 자기 디자인을
감상하고 구입할 수 있는 곳.
스칸디나비아와 이탈리아의 20세기
유리와 자기 제품에 중점을 두고 있다.

Vivienne Foley
www.viviennefoley.com
섬세하고 아름다운 곡선미가 탁월한
작품들이 많다.

The White Company
www.thewhitecompany.com
투명 유리 꽃병과 우아한 자기 제품을
고루 갖추고 있다.

Zara Home
020 7590 6990
www.zarahome.com
꽃병과 화기의 종류가 다양하고 품질이
우수한 데 비해 가격은 비싸지 않고
적당하다.

ABC Carpet & Home
888 Et 881 Broadway
New York, NY 10003
212 473 3000
www.abchome.com
여러 가지 모양의 도기 꽃병과 은, 구리,
자작나무 껍질로 제작한 고풍스러운 꽃병
등 특이한 제품들이 많다.

Jonathan Adler
47 Greene Street
New York, NY 10013
212 941 8950
www.jonathanadler.com
모던한 복고풍의 근사한 꽃병과 탁상용
장식품을 찾아볼 수 있다.

Anthropologie
www.anthropologie.com
독특하면서도 고전적인 느낌이 전해지는
꽃병과 화기를 구비하고 있다. 가격대도
적당하다.

Brimfield Antiques Show
Route 20
Brimfield, MA 01010
www.brimfieldshow.com
이 유명한 벼룩시장은 3월, 7월, 9월에만
각각 일주일 동안 개장한다.

The Conran Shop
888 Broadway@ABC Home
New York NY 10003
866 755 9079
www.conranusa.com
복고풍의 유리와 자기 제품 외에도 알바
알토Alvar Aalto의 꽃병과 시험관에서
영감을 받은 에이브릴Avril의 꽃병을 볼 수
있다.

Crate & Barrel
www.crateandbarrel.com
꽃병 수집에 기본적인 필수 품목들이
구비되어 있다.

English Country Antiques
Snake Hollow Road
P.O. Box 1995
Bridgehampton, NY 11932
631 537 0606
특정 시대, 국가의 가구와 화려한
장식품들이 마련되어 있다.

Fishs Eddy
889 Broadway
New York, NY 10003
212 420 9020
Call 1 877 347 4733
www.fishseddy.com
보기 드문 빛깔의 납작한 유리 주전자와
트왈드주이Toile d'Jouy 패턴이 인쇄된
고전적인 자기 제품을 만나볼 수 있다.

Gump's
135 Post Street
San Francisco, CA 94108
1 800 766 7628
www.gumps.com
가보급 꽃병과 그릇을 보유하고 있는 곳.

IKEA
Call 1 800 434 4532
www.ikea.com
싸고 좋은 유리와 자기 꽃병, 등나무로
만든 꽃병을 구입할 수 있다.

Macys
www.macys.com
케이트 스페이드Kate Spade,
오레포스Orrefors, 베라 왕Vera Wang의
아름다운 크리스털 꽃병들이 전시되어
있다.

Mikasa
www.mikasa.com
고전적인 크리스털과 석기 꽃병 외에도
골예 유리 버드 꽃병이 있다.

Moss
150 Greene Street
New York, NY 10012
866 888 6677
www.mossonline.com
나무, 청동, 유리 등 다양한 재질로 만든
갖가지 크기와 모양의 독창적인 화기를
보유하고 있다. 여러 색조의 투명한 어항
모양 꽃병도 있다.

Pier One Imports
Call 212 206 1911
www.pier1.com
각 시대별로 유행하던 꽃병들이 계절별로
선별되어 있다.

Pottery Barn
www.potterybarn.com
빈티지한 스타일의 수은 유리 꽃병과
골동품 같은 구리 주전자를 비롯해 좋은
가격, 좋은 품질의 용기들이 많다.

Ruby Beets Antiques
25 Washington Street
P.O. Box 1174
Sag Harbor, NY 11963
631 899 3275
www.rubybeets.com
홀메가르Holmegaard 유리 제품, 이탈리아
백랍 그릇, 중국 도자기 등을 구경할 수
있다.

Target Stores
www.target.com
크기와 모양이 매우 다양한 투명 유리
꽃병이 구비되어 있다.

에필로그
EPILOGUE

거듭 말하지만 이 책은 지금껏 해온 어떤 작업보다 힘이 들었고 세심한 신경을 기울여야 했습니다. 많은 사람들의 도움을 받지 않았다면 아마 이 책을 완성하기 어려웠을 것입니다. 한편으로는 이를 계기로 동료들과 함께 작업할 수 있어서 더없이 행복했습니다. 이 책이 출간될 수 있도록 애써준 모두에게 깊은 감사를 전하고 싶습니다.

먼저 대단히 창의적이고 매력적이며, 참을성 있게 작업해준 캐서린 그래트윅에게 감사를 전하고 싶습니다. 우아한 스타일링을 보여준 레슬리 딜콕은 언제나 세심한 배려로 작품마다 특별한 분위기를 살려주었습니다. 이 책을 의뢰하고 또 제대로 임무를 완수하리라 믿어준 앨리슨 스탈링에게도 감사의 마음을 전합니다. 오랫동안 알고 지낸 레슬리 해링턴은 이번에도 역시 독창성과 인내심을 발휘하며 많은 도움을 주었지요. 격려의 말을 건네며 여러 가지로 힘을 준 애너벨 모건에게는 어떻게 고마움을 표현해야 할지 모르겠습니다. 그녀가 없었다면 제대로 이 일을 할 수 없었을 것입니다. 멋진 장소를 섭외해준 제스 월튼과 짜임새 있는 레이아웃을 보여준 소냐 냇후도 빼놓을 수 없습니다.

〈제인 패커 플라워〉 팀에게는 특별히 감사를 드립니다. 특히 수년 동안 나를 도와준 수잔과 이 책이 나오기까지 어려운 일도 마다하지 않은 샬롯에게는 다시 한 번 고마운 마음을 전합니다.

마지막으로, 가장 소중한 개리와 레비, 롤라에게도 감사를 전합니다. 제게 가족이 없다면 무엇을 할 수 있을지 상상하기 어렵습니다.